Disfraces y maquillaje de fantasía

© Coedición: Editorial Diana, S.A. de C.V.
México
ISBN: 968-13-4124-4

© 2006, Editorial LIBSA
C/ San Rafael, 4
28108 Alcobendas (Madrid)
Tel.: (34) 91657 25 80
Fax: (34) 91657 25 83
e-mail: libsa@libsa.es
www.libsa.es

Textos: Blanca Castillo / Fernando Martínez
Edición: Equipo editorial LIBSA
Diseño de cubierta: Equipo de diseño LIBSA
Maquetación: Francisco Márquez / Equipo de maquetación LIBSA
Ilustraciones: Miguel Ángel Argudo

ISBN: 84-662-1239-6

¡A divertirse!

Disfraces y maquillaje de fantasía

DIANA

LIBSA

✔ Sol solete

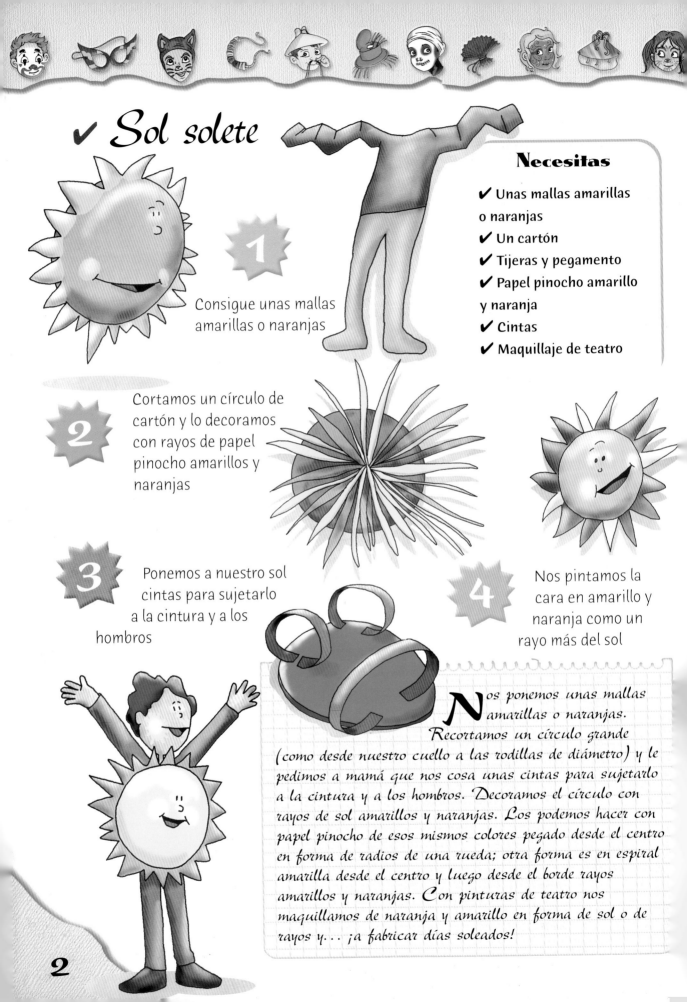

1 Consigue unas mallas amarillas o naranjas

Necesitas

✔ Unas mallas amarillas o naranjas
✔ Un cartón
✔ Tijeras y pegamento
✔ Papel pinocho amarillo y naranja
✔ Cintas
✔ Maquillaje de teatro

2 Cortamos un círculo de cartón y lo decoramos con rayos de papel pinocho amarillos y naranjas

3 Ponemos a nuestro sol cintas para sujetarlo a la cintura y a los hombros

4 Nos pintamos la cara en amarillo y naranja como un rayo más del sol

Nos ponemos unas mallas amarillas o naranjas. Recortamos un círculo grande (como desde nuestro cuello a las rodillas de diámetro) y le pedimos a mamá que nos cosa unas cintas para sujetarlo a la cintura y a los hombros. Decoramos el círculo con rayos de sol amarillos y naranjas. Los podemos hacer con papel pinocho de esos mismos colores pegado desde el centro en forma de radios de una rueda; otra forma es en espiral amarilla desde el centro y luego desde el borde rayos amarillos y naranjas. Con pinturas de teatro nos maquillamos de naranja y amarillo en forma de sol o de rayos y... ¡a fabricar días soleados!

Hada de los frutos

Necesitas

- ✔ Una sábana vieja
- ✔ Tijeras
- ✔ Un cartón duro
- ✔ Ceras de colores
- ✔ Una grapadora
- ✔ Maquillaje de teatro

1 Doblamos una vieja sábana por la mitad y recortamos la parte de arriba en forma de círculo para meter la cabeza

2 Sobre un cartón duro dibujamos y pintamos con ceras de colores diferentes frutos

Con sumo cuidado recortamos los frutos y los grapamos a la sábana

3

4 Con barras de teatro maquillamos nuestros mofletes, dibujándonos sendas fresas

Haz un agujero por el que meter la cabeza en una sábana vieja. Luego coge un cartón duro y pinta sobre él distintas frutas: plátanos, fresas, cerezas... Coloréalas con ceras para que queden más llamativas. Recórtalas y grápalas a la sábana. Si mamá te deja, coge un sombrero viejo y decóralo con piñas, limones y plátanos. Con barras de teatro las fresas de la cara te quedarán... ¡que ni pintadas!

✔ *Pierrot*

Necesitas

✔ Un pijama blanco de seda
✔ Tijeras
✔ Aguja e hilo para coser
✔ Botones negros grandes
(o bolas de tela negra)
✔ Papel pinocho blanco
✔ Una goma elástica
✔ Tela negra
✔ Una lentejuela
✔ Maquillaje de teatro

1 Un pijama blanco como de seda es la base ideal para un buen Pierrot si le cosemos unos grandes botones negros (pompones o bolas de tela negra)

2 Con una tira de papel pinocho tres veces más larga que el perímetro de tu cuello, hacemos una gola frunciéndola como un abanico y cosiéndola con una goma elástica

3 Cortamos dos piezas de tela negra con la forma del dibujo. Las cosemos por los laterales

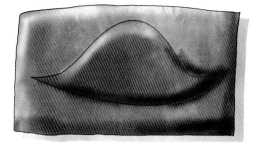

4 Pintamos la cara de blanco y marcamos una gran ceja sobre un ojo. Bajo el otro pegamos una piedrecilla brillante o una lentejuela, como una lágrima

Necesitas conseguir un pijama blanco brillante. Le cosemos unos pompones negros o unas bolas de tela negra como botones. Hacemos un gorro de Pierrot con tela negra y cartón por dentro para que quede duro, lo cosemos por los laterales dejando un hueco para la cabeza y nos lo ponemos. Unas zapatillas de gimnasia negras completan el atuendo. El maquillaje es sencillo: damos una base blanca en todo el rostro sin dejar pegotes. Con un pincel y maquillaje negro pintamos un trazo sobre uno de los ojos, como una ceja. Pegamos una piedrecita brillante, una lentejuela o un espejito bajo el otro ojo, como si fuera una lágrima y... ¡voilà!

Necesitas

✔ Sobres de tintes de distintos tonos
✔ Una camiseta larga de algodón
✔ Hilo de bramante
✔ Agua
✔ Varios cubos

✔ Túnica de fantasía

1
Coge la camiseta y retuércela con ayuda de un amigo. Pon el hilo de bramante alrededor de la tela para que no pierda la forma retorcida

2
Sigue al pie de la letra las instrucciones del tinte y pon agua tintada de distintos colores en los cubos

3
Sumerge la camiseta atada en los distintos cubos o en uno solo si quieres (para lo cual, con un sobre de tinte de un solo color tendrás suficiente); todo depende del diseño que quieras llevar a cabo

Saca la camiseta, escúrrela bien, corta el hilo de bramante y... ¡ta-tán! El diseño de estallidos de color aparece. ¿A que los dibujos son como fuegos artificiales?

✔ Luna lunera

Necesitas

- ✔ Unas mallas y unos guantes negros
- ✔ Cartón
- ✔ Tijeras y pegamento
- ✔ Cintas
- ✔ Cascabeles
- ✔ Aguja e hilo para coser
- ✔ Tela blanca
- ✔ Maquillaje de teatro

1 Necesitas unas mallas y unos guantes negros (la luna sale de noche). Puedes salpicarlos con purpurina plateada, como si fueran estrellas

2 Cortamos una gran media luna de cartón y le pegamos una tela blanca. Ponemos unas cintas para sujetarla a los brazos y a la cintura

3 Le pedimos a mamá que nos cosa cascabeles en el borde de la luna

4 Con una barra de maquillaje de teatro blanca nos pintamos la cara

Cogemos unas mallas negras y las salpicamos de purpurina plateada. Cortamos una gran media luna de cartón (o una luna redonda o llena) y le pegamos una tela blanca. Le pedimos a mamá por favor del amor hermoso que nos cosa unas cintas o unas gomas elásticas para sujetar la luna a los hombros y a la cintura. Como mamá es tan fantástica y estupenda, no tendrá tampoco inconveniente en cosernos unos cascabeles en el borde de la luna. Nos pintamos la cara de blanco, nos ponemos los guantes negros y... ¡a iluminar la noche!

7

✔ Hada de las flores

1 Dobla una sábana vieja en dos y recorta un redondel en la parte de arriba para meter la cabeza

Necesitas

- ✔ Una sábana vieja
- ✔ Tijeras
- ✔ Papel de seda de colores
- ✔ Una grapadora
- ✔ Maquillaje de teatro

2 Se dobla tres veces un cuadrado de papel de seda. Con la parte cerrada se forma un acordeón y se grapa

3 Cuando tengamos todas las flores multicolor confeccionadas, las grapamos a la sábana vieja

4 Con pinturas de teatro hacemos un redondel en las mejillas de color blanco

Coge una sábana vieja y hazle un agujero para meter la cabeza. Pliega varios cuadrados de papel de seda multicolor hasta tres veces, toma la parte que no se puede abrir y dóblala en forma de acordeón. Luego, grápala para que no se escape y abre los pétalos de la flor, separándolos uno a uno. Después grápalas a la sábana. ¡Ah, y no te olvides de la diadema! El maquillaje saldrá perfecto con barras de teatro porque tienen la forma redonda que tú necesitas para decorarte con margaritas

✔ La varita

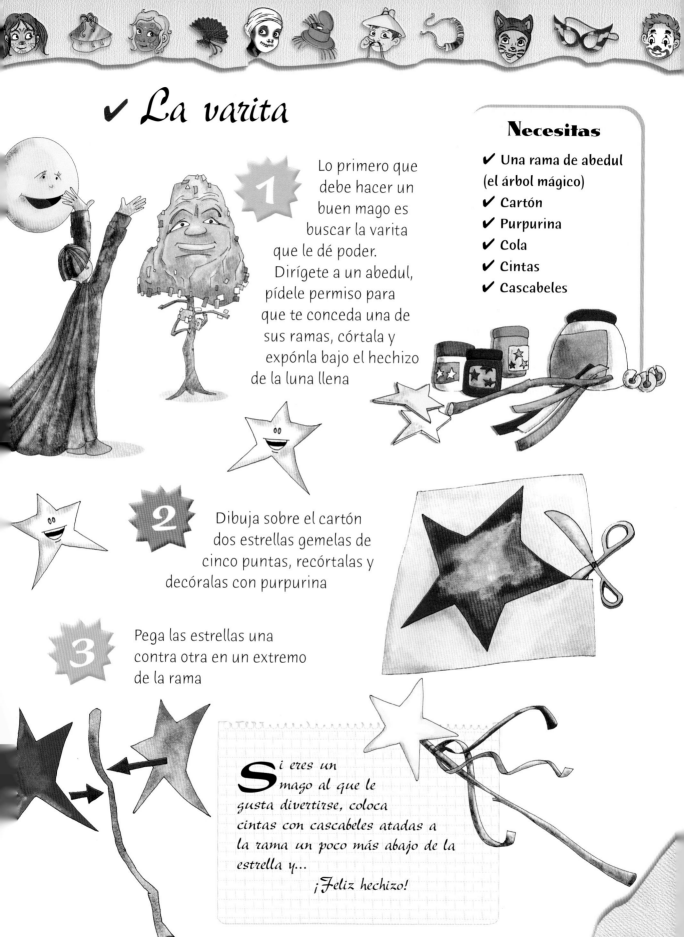

1 Lo primero que debe hacer un buen mago es buscar la varita que le dé poder. Dirígete a un abedul, pídele permiso para que te conceda una de sus ramas, córtala y expónla bajo el hechizo de la luna llena

Necesitas

✔ **Una rama de abedul (el árbol mágico)**
✔ **Cartón**
✔ **Purpurina**
✔ **Cola**
✔ **Cintas**
✔ **Cascabeles**

2 Dibuja sobre el cartón dos estrellas gemelas de cinco puntas, recórtalas y decóralas con purpurina

3 Pega las estrellas una contra otra en un extremo de la rama

Si eres un mago al que le gusta divertirse, coloca cintas con cascabeles atadas a la rama un poco más abajo de la estrella y...

¡Feliz hechizo!

✔ Disfraz y maquillaje del arco iris

Necesitas

- ✔ Papel pinocho
- ✔ Un compás
- ✔ Tijeras y pegamento
- ✔ Una diadema
- ✔ Algodón
- ✔ Maquillaje de teatro

1

Haz varios semicírculos de múltiples colores con un compás (si no tienes, fabrícalo atando al extremo de una cuerda una tiza y sujetando el otro en el centro)

2

Recorta los semicírculos y pégalos a la base del vestido montando un poquito uno sobre otro para formar el arco iris

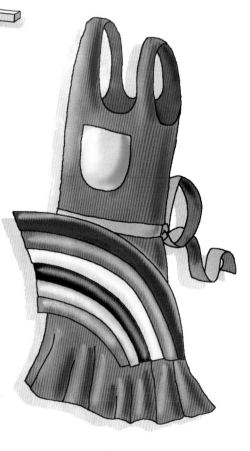

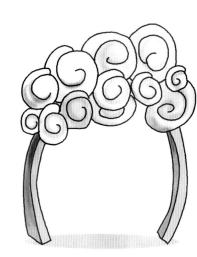

Coge una diadema vieja y pégale un montón de bolas de algodón para formar una nube

Hazte un antifaz con todos los colores del arco iris: rojo, naranja, amarillo, verde, azul, añil y violeta… Píntate el resto de la cara de azul cielo

!Viva el color! Con varios rollos de papel pinocho, pegamento y tijeras podrás confeccionarte un disfraz de lo más llamativo. Es sólo cortar y pegar, así de fácil. Ponte sobre la cabeza una nube de algodón de las que no tienen lluvia y diviértete con un cielo pintado en la cara. Y dile a mamá que no se preocupe: las pinturas de teatro se pueden quitar con una toallita húmeda en menos que canta un gallo

11

✔ Gato ron-ron

1

Te van a hacer falta unas mallas y una camiseta negras

Necesitas

✔ Unas mallas y una camiseta negras
✔ Tela negra
✔ Cartulina de color negro
✔ Tijeras
✔ Una diadema
✔ Un cascabel
✔ Una cinta roja
✔ Aguja e hilo para coser
✔ Maquillaje de teatro

2 Enrollamos una tela negra para formar la cola del gato y la cosemos en su sitio

3 Recortamos dos triángulos de cartulina negra y los pegamos en una diadema para hacer las orejas. Dile a mamá que te cosa un cascabel a una cinta roja y póntelo al cuello

4 Con barras de teatro se pinta una naricilla negra o marrón oscura y unos largos bigotes gatunos

Consigue unas mallas negras y una camiseta del mismo color. Enrolla una tela negra para formar la cola del gato y pídele a mamá que te la cosa a las mallas. Una diadema con dos triángulos de cartulina pegados formarán las orejas. Con un cascabel pegado o cosido a una cinta roja que se pondrá al cuello (atada o con corchetes), terminamos la decoración gatuna y... ¡a maullar por los tejados!

✔ Hada de la nieve

Necesitas

- ✔ Algodón
- ✔ Pegamento
- ✔ Una ramita
- ✔ Purpurina
- ✔ Maquillaje de teatro
- ✔ Polvos de talco o harina

1 Coge algodón del botiquín de casa y haz muchas bolitas, más o menos del mismo tamaño

2 Ve a dar un paseo por el parque y elige una rama caída con una forma que te guste

3 Píntate la cara toda de blanco con barra de teatro y espolvoréate polvos de talco en el pelo

Para ser una auténtica dama de las nieves, sólo tienes que llenar una vieja sábana con bolitas de algodón que irán firmemente pegadas con pegamento. Luego, date una vuelta por el parque, elige una rama caída, pon en uno de sus extremos una gran bola de algodón y obtendrás una varita mágica. Si quieres, puedes adornarla con purpurina. Luego maquilla tu cara con barra de teatro color blanco y tu pelo con polvos de talco o en su defecto harina

✔ Disfraz y maquillaje de payasete

Necesitas

- ✔ Lana de colores
- ✔ Una chaqueta vieja
  - ✔ Botones de colores
  - ✔ Aguja e hilo para coser
  - ✔ Papel pinocho
- ✔ Tijeras
  - ✔ Pegamento o grapadora
- ✔ Una cinta ancha
  - ✔ Maquillaje de teatro

1 Coge varias madejas de lana de colores de una longitud de unos 30 cm, átalas juntas por un extremo (el flequillo) y déjalas sin atar por el otro

2 Pídele a tu padre una chaqueta vieja, remángala y que tu madre te cosa unos grandes botones de colores en ella

3 En el centro de un rectángulo de papel pinocho pon un anillo estrecho de papel para que quede muy cerrado en el centro y muy abierto en los extremos. Grapa la pajarita a una cinta de la medida de tu cuello

4 Con barras de teatro ponte dos grandes corazones blancos en los ojos y maquíllate las pestañas con un perfilador negro. La boca también va de blanco, con una gran sonrisa perfilada en negro. Luego pinta dos grandes coloretes en las mejillas y un gran corazón rojo en la nariz

Si quieres ser un gran payaso, llena tu vida de color. Hazte una peluca de lana, una pajarita de papel, ponte una chaqueta adornada con grandes botones y maquíllate con corazones y sonrisas. Luego cuenta un buen chiste y... ¡tu carrera hacia la risa ha comenzado!

✔ Hada de las hojas

Necesitas

- ✔ Una sábana vieja
- ✔ Hojas frescas
- ✔ Alfileres (¡cuidado, que pinchan!)
- ✔ Pintura verde de spray
- ✔ Maquillaje de teatro

1 Coge una sábana vieja, dóblala en dos y recorta un redondel para meter la cabeza

2 Ve al parque y recoge varias hojas que aún no estén secas

3 Rocía con pintura verde de spray toda la sábana. Píntate un antifaz verde en la cara

De nuevo una sábana vieja nos sacará de apuros. Después de recortar la forma que nos permitirá meter la cabeza, prendemos con alfileres varias hojas frescas, cogidas previamente en el parque, y luego la rociamos entera con pintura de spray color verde. Cuando esté seca la pintura, procedemos a quitar todas las hojas con mucho cuidado para no pincharnos con los alfileres y... ¡ya está! Si quieres, también puedes llevar un cesto de mimbre con todas las hojas recogidas en el parque. El maquillaje está chupado necesitas un perfilador color verde oscuro y una barra de pintura verde clarito. Copia el dibujo para hacer el antifaz y... ¡disfruta de la fiesta!

Necesitas

✔ Una rama de árbol
✔ Papel de lija
✔ Cintas
✔ Cascabeles
✔ Un cuarzo
✔ Barniz

✔ Bastón de poder de mago o hada

1

Da un paseo por el campo buscando el palo que te atraiga más. Ese y no otro será el que te lleves a casa. Con un papel de lija fina para madera, lija el bastón con cuidado hasta que elimines las posibles astillas

2

Una vez lijado, procede a barnizarlo con barniz satinado o mate. Quizá un tono nogal sería interesante

3

Ornamenta el bastón con cintas largas de colores con cascabeles atadas en el extremo del puño

Coloca en el extremo del puño una piedra de cuarzo, que también podrás encontrar por el campo (hay muchas variedades y colores, pero todas son piedras con aspecto cristalizado).
¡Y alarga la magia de tu brazo!

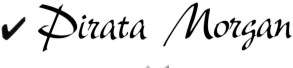

✔ Pirata Morgan

Necesitas

✔ Cuero o fieltro y un cordón
✔ Tijeras
✔ Dos listones de madera
✔ Pegamento
✔ Papel de lija para madera
✔ Una cuerda para el cinturón

1

Recorta un trozo de cuero o de fieltro de la misma forma que ves en el dibujo

2

Coge dos listones de madera, uno el doble de largo que el otro. Pega el más corto transversalmente en uno de los extremos del largo

Da forma de punta al extremo libre del listón largo, utilizando papel de lija para madera

3

4

Con una cuerda, puedes hacerte un cinturón «marinero»

Si quieres ser el más temido pirata de los mares del sur, ponte una camiseta a rayas y tu vaquero deshilachado.
Para hacer el cinturón de cuerda, el parche de cuero o fieltro atravesado con un cordón y una espada de madera, debes leer las instrucciones y.... ¡ya estás listo para el abordaje!

✔ Terrorífico hombre lobo

Necesitas

- ✔ Ropa vieja
- ✔ Tijeras
- ✔ Pegamento
- ✔ Lana marrón y negra
- ✔ Cartulina marrón
- ✔ Maquillaje de teatro

1

Pídele a mamá ropa vieja y hazle agujeros

2

Con lana marrón y negra te haces una peluca

3

Pega madejas de lana marrón en los rotos

4

Recortamos diez uñas horribles de una cartulina

Hacemos unos agujeros en una ropa que esté vieja (pregúntale a mamá). En los rotos pegamos mechones de lana marrón. Con más lana marrón (y si quieres, un poco de negra bien mezclada) te haces una peluca: cogemos varias madejas de lana de unos 30 cm de largo, las atamos juntas por un extremo (el flequillo) y las dejamos sin atar por el otro, recortando el doblez de la lana para que parezca pelo. Pintamos y recortamos diez uñas de una cartulina, y cuando estén bien horribles nos las pegamos sobre las nuestras. Pintamos la nariz de negro con barra de teatro, llenamos la cara de pelos con barra marrón y lápiz negro y... ¡cuidado con la luna llena!

El gorro del mago

Necesitas

✔ Cartulina
✔ Tijeras
✔ Cinta métrica
✔ Cola
✔ Tela azul
✔ Papel plateado

1 Mide el diámetro de tu cabeza, lleva la medida hasta la cartulina, traza una línea, busca su centro y proyecta una raya vertical con la altura que quieras, dibujando posteriormente un cono

2 Recorta el cono con pestañas en la base para poder pegar el redondel que hará de visera a su base más ancha

3 Haz la misma operación con la tela y forra la cartulina con ella. Pon también cola en las estrellas de plata y adorna tu gorro

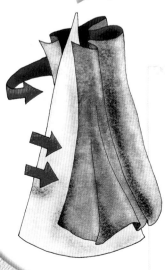

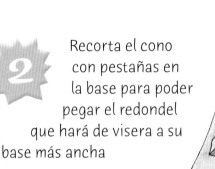

Si quieres tener ideas geniales y hechizos estupendos en la punta de la lengua, utiliza siempre tu gorro para los conjuros, así las neuronas no se irán volando...

... como por arte de magia

✔ Túnica de los vientos

Necesitas

- ✔ Tela
- ✔ Pinturas para tela
- ✔ Cintas de tela
- ✔ Aguja
- ✔ Hilo

1 Lo primero es diseñar nuestra propia túnica. Puedes inspirarte en el dibujo, pero cuanto más creativo seas, mejor

Con las pinturas de tela y mucho cuidado, aplicamos el hechizo «Yo te pinto» sobre la túnica

2

Como en el caso del sombrero, la túnica va a ser nuestra presentación como magos en cónclaves y reuniones, por lo que conviene confeccionarla con sumo cuidado, sobre todo en el diseño y en la aplicación del hechizo «Yo te pinto».

Puedes inspirarte en motivos como nubes de colores, pájaros...

3 Hay que coser las cintas de tela a la parte superior de la túnica para así poder atárnosla. Siempre se puede recurrir a la gran bruja superior «Mamá», que nos puede echar una mano

21

✔ Gorro de dormir y cara de sueño

1

Enrolla un trozo de tela en forma de cono

Necesitas

✔ Un trozo de tela
✔ Pegamento o aguja e hilo de coser
✔ Una goma elástica
✔ Un pompón de lana o una pelota de ping-pong
✔ Maquillaje de teatro

2

En la punta del cono cosemos o pegamos un pompón de lana o una pelota de ping-pong

3

Con una barra de teatro azul pintamos dos rayas bajo los ojos y las difuminamos con un dedo

ara hacer una fiesta somnolienta hace **P**falta un «traje de noche» adecuado.
Debes ponerte un pijama (o camisón) y unas zapatillas de andar por casa. Con un trozo de tela hacemos el gorro de dormir, enrollándolo hasta formar un cono; cosemos o pegamos el lateral y ponemos una goma en la base del cono para ajustarlo a la cabeza. En la punta del gorro pegamos un pompón de lana o una pelota de ping-pong. Las ojeras a causa del tremendo sueño las hacemos pintando una raya azul bajo los ojos con una barra de maquillaje de teatro y difuminando con el dedo.
¡Felices sueños!

✔ Bruja Piruja

Necesitas

- ✔ Un trozo de tela negra
- ✔ Aguja e hilo para coser
- ✔ Una goma elástica
- ✔ Una escoba
- ✔ Maquillaje de teatro

1 Enrolla un trozo de tela negra para formar un cono. Pídele a mamá que te lo cosa y que le ponga una goma en la parte ancha

2 Consigue una escoba para poder viajar a las reuniones de las brujas

3 Pinta unas ojeras marrones bien difuminadas y unas verrugas peludas y horribles por toda la cara

Cogemos una tela negra (mejor se la pedimos a mamá) y la doblamos en dos. Hacemos un agujero redondo en el medio para meter la cabeza. Con un trozo de tela también negra hacemos el gorro, enrollándolo hasta formar un cono (si es muy alto, meteremos dentro un cono de cartón para que se quede derecho). Cosemos o pegamos el lateral y ponemos una goma en la base del cono para ajustarlo a la cabeza. Las ojeras se hacen pintando una raya marrón bajo los ojos con una barra de teatro y difuminando con el dedo. Las verrugas se consiguen con puntos marrones pintados con una barra de teatro, adornados con pelos pintados con un lápiz de ojos negro

4 Dobla por la mitad una tela negra y haz un agujero para meter la cabeza

Alicia en el país de las maravillas

Necesitas

- ✔ Papel pinocho de color azul
- ✔ Pinturas
- ✔ Tijeras
- ✔ Pegamento
- ✔ Una cinta
- ✔ Maquillaje de teatro

1

Recorta el cuerpo del vestido en papel pinocho de color azul y ponle unas mangas de farol

2

Para hacer el delantal sólo necesitas dos rectángulos unidos por una cinta.
Una vez que hayas dibujado y recortado los corazones, pégalos al delantal

3

Para el lazo de la cabeza, haz nuevamente un rectángulo del tamaño que quieras. Busca su centro, anúdalo con una tira de papel y estira bien los extremos

Recorta el cuerpo del vestido en papel pinocho de color azul. Luego recorta un rectángulo grande y frúncelo grapándolo al cuerpo. Para hacer el delantal, sólo necesitas dos rectángulos (uno más pequeño que otro). Uno lo pones en horizontal y el otro en vertical y entre medias pon una cinta para podértelo anudar a la cintura. Una vez que hayas dibujado y recortado los corazones, pégalos al delantal. Haz nuevamente un rectángulo del tamaño que quieras que sea el lazo que llevarás en la cabeza. Busca su centro y anúdalo con una tira de papel. Estira bien los extremos para que quede elegante. Con una barra de pintura roja de teatro dibújate los corazones de las mejillas y de la nariz.

Si no eres rubia y no tienes el pelo largo, puedes hacerte una peluca de lana gruesa de color amarillo

4

Con una barra de pintura roja de teatro dibújate los corazones de las mejillas y de la nariz

✔ Mago Merlín

Necesitas

- ✔ Una cartulina grande
- ✔ Pegamento o grapadora
- ✔ Tijeras
- ✔ Un cartón
- ✔ Tela brillante azul
- ✔ Algodón
- ✔ Una cinta elástica

1

Da forma de cucurucho a una cartulina grande. Haz dos pestañas en los extremos para poder pegarla

2

Fabrícate un patrón dibujando una estrella de cartón

3

Si quieres ser un gran mago, hazte un buen capuchón de cartulina, decóralo de estrellas, convence a mamá para que te haga una túnica que también tú decorarás como si fuera un cielo estrellado, ponte unas barbas blancas del más puro algodón y, si quieres, para poner el punto final, confecciónate una varita colocando una de tus estrellas plateadas al extremo de una rama recogida en el parque. Luego pronuncia las palabras mágicas y... sabrás si lo has conseguido

Dile a mamá que te haga una túnica azul con una tela vaporosa y brillante. Cuando esté terminada, grapa las estrellas

4

Hazte una barba y bigotes de algodón que podrás sujetarte con una cinta o una goma, y píntate coloretes con barra roja de teatro

✔ Varita mágica de luz

Necesitas

- ✔ Una varita de palo
- ✔ Un lápiz-linterna
- ✔ Cinta dorada o plateada
- ✔ Una pelota de ping-pong
- ✔ Esparadrapo

1

Con cinta aislante o esparadrapo sujetamos el lápiz-linterna a la varita, dejando que sobresalga un poco por su parte superior

2

Con la ayuda de un mago adulto, cortamos por la mitad la pelota de ping-pong y la pegamos a la parte superior del lápiz-linterna, para que al encenderlo se ilumine desde dentro la media pelota

3

Cubrimos la varita y el lápiz-linterna con la cinta dorada o plateada, dejando un pequeño hueco donde tenga el interruptor

Esta varita mágica es un aditamento indispensable a la hora de realizar hechizos y conjuros, ya que prolonga el poder personal del mago...

... ¡y le permite lanzarlo por los aires etéricos!

27

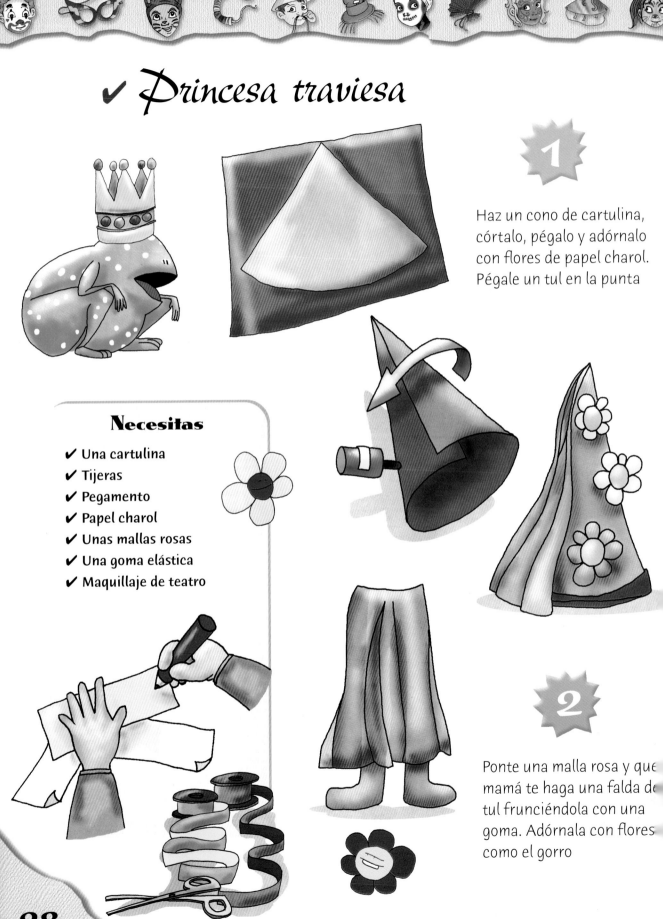

✔ Princesa traviesa

1

Haz un cono de cartulina, córtalo, pégalo y adórnalo con flores de papel charol. Pégale un tul en la punta

Necesitas

✔ Una cartulina
✔ Tijeras
✔ Pegamento
✔ Papel charol
✔ Unas mallas rosas
✔ Una goma elástica
✔ Maquillaje de teatro

2

Ponte una malla rosa y que mamá te haga una falda de tul frunciéndola con una goma. Adórnala con flores como el gorro

3 Con barras de maquillaje date una base blanca en toda la cara, pintando de rosa suave tus mejillas, tu frente y la punta de tu nariz. Los párpados póntelos de color verde claro

4 Sobre las mejillas dibuja flores de colores, pon purpurina verde sobre los párpados y píntate una boquita pequeña en forma de fresa

La princesa Boca de Fresa era traviesa porque se negó a besar a una rana que vivía en un charco de los jardines de palacio. La rana aseguraba que era un príncipe encantado, pero ella, como era traviesa, no le hizo caso y se fue a jugar con sus amigos después de vestirse con sus mejores galas. Para conseguirlo sólo tienes que leer las instrucciones: ponte una malla rosa, una falda de tul, flores de papel charol y un capirote con velo que tú misma puedes hacer utilizando una cartulina. ¡Suerte!

La máscara de Gaia

Necesitas

- Cartones
- Engrudo
- Botones
- Periódicos
- Papel de aluminio
- Pintura
- Laca en spray

1

Dibuja el óvalo de tu cara en el cartón. Recórtalo

2

Forra el cartón con papel de periódico y dale una mano de engrudo

3

Pinta el fondo de la futura máscara con los tonos que más te gusten

Una vez seca la pintura, rocía la máscara con laca en spray. Para adornarla corta tiras de papel de aluminio, haz las bolitas y pégalas en la parte superior para hacer el pelo. Recorta dos ojos, una nariz y una boca de aluminio también, y pega un botón negro a modo de pupila.
¡Y buen teatro!

✔ *Cupido*

Necesitas

✔ **Tela blanca**
✔ **Algodón**
✔ **Una cinta de color carne**
✔ **Un arco y unas flechas de juguete**
✔ **Maquillaje de teatro**

1 Con una tela blanca hacemos un pañalote

2 Con otro trozo de tela hacemos una venda y la colocamos de modo que casi tape un ojo a Cupido

3 Hacemos unas alitas de algodón y las sujetamos a una cinta color carne para atarlas alrededor del pecho

4 Añadimos un arco y unas flechas y pintamos los labios en forma de corazón y los coloretes rojos

*N*ecesitamos tela blanca para hacer un pañalote. Si es un *C*upido muy pequeño, podemos usar un pañal desechable. *C*on otro trozo de tela hacemos una venda y la colocamos en los ojos, pero un poco caída o subida, lo que sea más cómodo para nuestro ángel del amor (así podrá ver adónde apunta sus flechas). *C*on algodón hacemos dos alitas (si las queremos más grandes, tendremos que hacerles una estructura de alambre forrado de blanco) y las pegamos a una cinta color carne para luego atarlas alrededor del pecho. *C*ompramos un arco y unas flechas de plástico. *P*odemos pintar los labios de nuestro *C*upido en forma de corazón y ponerle dos coloretes rojos

Gran jefe sioux

Necesitas

✔ Unos pantalones y una camisa de color marrón claro
✔ Pegamento o grapadora
✔ Flecos de pasamanería
✔ Una cinta
✔ Plumas de colores
✔ Un arco y unas flechas de juguete
✔ Maquillaje de teatro

1

Para hacer el tocado de gran jefe, cogemos una cinta y le vamos pegando plumas. Cuanto más largas y más plumas tenga, más gran jefe es el jefe indio

2

El maquillaje es una base marrón rojiza y decorada con rayas, espirales y manchas de color. Es divertido que cada jefe indio busque su propio maquillaje

3

Armamos al jefe indio para la batalla o la caza del bisonte

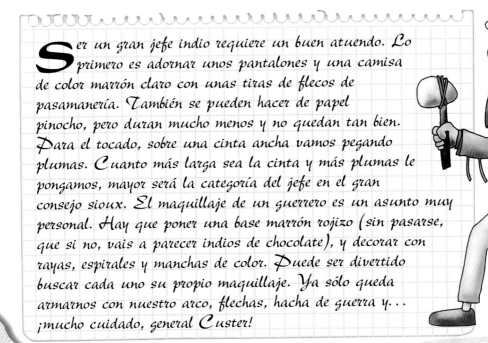

Ser un gran jefe indio requiere un buen atuendo. Lo primero es adornar unos pantalones y una camisa de color marrón claro con unas tiras de flecos de pasamanería. También se pueden hacer de papel pinocho, pero duran mucho menos y no quedan tan bien. Para el tocado, sobre una cinta ancha vamos pegando plumas. Cuanto más larga sea la cinta y más plumas le pongamos, mayor será la categoría del jefe en el gran consejo sioux. El maquillaje de un guerrero es un asunto muy personal. Hay que poner una base marrón rojizo (sin pasarse, que si no, vais a parecer indios de chocolate), y decorar con rayas, espirales y manchas de color. Puede ser divertido buscar cada uno su propio maquillaje. Ya sólo queda armarnos con nuestro arco, flechas, hacha de guerra y... ¡mucho cuidado, general Custer!

✔ Túnica de las olas

Necesitas

✔ Tela
✔ Cintas de tela de colores
✔ Pinturas para tela

1 Lo primero es diseñar y elaborar nuestra propia túnica. Puedes inspirarte en el dibujo, pero cuanto más creativo seas, mejor

Una vez tengas la túnica hecha, con la ayuda de un brujo superior (es decir, mamá o papá), cose las cintas de tela de varios colores por toda la túnica

2

3 Con las pinturas para tela y mucho cuidado, aplicamos el hechizo «Yo te pinto» sobre la túnica

Muchas pinturas para tela requieren que después se aplique el famoso ritual «planchatus», para lo que debemos pedir el auxilio de un mago o maga de alto nivel.
Esta túnica va a ser nuestra presentación como magos en reuniones secretas, así que…
… ¡utiliza tus habilidades mágicas para hacerla!

✔ *Marciano tremendo*

Necesitas

✔ **Tela dorada**
✔ **Una caja de cartón**
✔ **Tijeras**
✔ **Pegamento**
✔ **Celofán transparente**
✔ **Una espumadera vieja o un colador**
✔ **Un cinturón viejo y unas pistolas de juguete**
✔ **Maquillaje de teatro**

1 Recortamos una ventana en un lateral de una caja de cartón y lo sustituimos por un celofán transparente

2 Seguro que por casa hay algún cinturón y unas pistolas de aspecto venusino. También hay que conseguirle unas antenas al casco espacial, como una espumadera vieja

3 La cara se pinta de verde con barras de maquillaje de teatro

Para dedicarse a las invasiones es necesario ofrecer un aspecto más bien marciano. Lo primero es una túnica. Conseguimos, con ayuda de un mayor, una tela dorada y le hacemos un agujero para meter la cabeza. De una caja de cartón hacemos un casco espacial tremendo, recortando una ventana en uno de los laterales y pegándole un celofán transparente (hay que hacer agujeros, para lo de respirar). Adornamos el casco con unas antenas de comunicación (una espumadera vieja, un colador...) y conseguimos un cinturón y pistolas muy cósmicas que seguro que tenemos por casa. Nos pintamos la cara de verde con barras de teatro y... ¡a invadir galaxias!

✔ *Peter Pan*

Necesitas

✔ Una pieza de fieltro verde
✔ Aguja e hilo para coser
✔ Tijeras y pegamento
✔ Una pluma
✔ Unos pantys verdes
✔ Maquillaje de teatro

1

Dibuja un triángulo cuya base debe medir lo mismo que el perímetro de tu cabeza, recórtalo, pégalo y adórnalo con la pluma

2

Dibujamos una camiseta con nuestras medidas (mamá o papá tienen que tomártelas), con picos en las mangas y en la parte baja. Luego la recortamos y la cosemos dándole al cuello forma de pico

3

Dile a mamá que te compre unos *pantys* de color verde

4

Usa una barra de pintura de teatro para darle a tu cara un ligero color verde y píntate unas pecas en los mofletes

Peter Pan no quería crecer porque el mundo de los niños es estupendo. Con la ayuda de papá y mamá, una gran pieza de fieltro verde, unos pantys, maquillaje, y un poco de imaginación, podrás trasladarte al país de Nunca Jamás

✔ Duende perejil

Necesitas

✔ Unas mallas y una camiseta de color verde
✔ Fieltro verde
✔ Tijeras y pegamento
✔ Cartón
✔ Un cinturón marrón
✔ Zapatillas de gimnasia verdes
✔ Perejil en rama
✔ Maquillaje de teatro

1 Lo primero es hacernos con unas mallas y una camiseta verdes

2 Hacemos un cono de fieltro verde y lo reforzamos por dentro con cartón.
Lo pegamos por el borde y ponemos un perejil en la punta

3

Nos ponemos un cinturón marrón ancho y completamos el atuendo con unas zapatillas de gimnasia verdes

4

El maquillaje es una base verde muy suave

Para ser un auténtico y genuino duende Perejil, necesitas una ramita de... claro, de perejil. Bueno, eso y alguna que otra cosilla, como unas mallas y una camiseta verdes (puede ser un pijama verde de esos elásticos). Para el sombrero hacemos un cono de fieltro verde y lo reforzamos por dentro con cartón, dejando que la punta se doble y cuelgue. Lo pegamos por el borde y, después, a ponerle el perejil en la punta. El maquillaje de duende Perejil consiste en una suave tonalidad verde por toda la cara

✔ Caperucita roja

Necesitas

✔ Una tela roja
✔ Pinturas
✔ Tijeras
✔ Aguja e hilo para coser
✔ Lana amarilla
✔ Maquillaje de teatro

1 Dibuja una caperuza y una capa (papá y mamá tienen que tomarte las medidas)

2 Recorta lo que has dibujado y dile a mamá que cosa la caperuza a la capa y haga dos aberturas para sacar los brazos a través de ella

4 Con una barra roja de maquillaje de teatro, ponte los coloretes y píntate unas pecas con un perfilador marrón

3 Puedes hacer la peluca trenzando lana amarilla y cosiéndola a la caperuza

Ya sólo queda la cesta de mimbre para llevar comidita a tu abuela. Un poco de tela, un poco de lana y muchas ganas de jugar es lo que necesitas para meterte en el cuento. Ah, y cuando vayas por el bosque no olvides cantar la canción: «¿Quién teme al lobo feroz, lobo feroz, lobo feroz...?»

✔ Pintor francés

Necesitas

✔ Un babi
✔ Una cinta de raso negro
✔ Una boina
✔ Una paleta y tubos de pintura gouache
✔ Pincel y caballete
✔ Un perfilador de ojos negro

1 Coge el viejo babi del año pasado, córtale las mangas, póntelo y anúdate un lazo ancho de raso negro al cuello. Pídele prestada al abuelo su boina

2 Pídele a papá que te compre una paleta y varios tubos de pintura que pueda quitarse con agua (gouache). Ábrelos y pon un poquito de cada color sobre la paleta para hacerlo más real

3 También necesitas pincel, caballete y lienzo para pintar

Si quieres pintar algo y además tener buena pinta, sólo tienes que pedirle la boina al abuelo, pintarte unos buenos bigotes, ponerte el babi viejo del año pasado y colocarte en la mano una paleta multicolor. Luego, si tienes ganas de jugar, sólo tienes que ponerte frente al lienzo en blanco y pintar a mamá, a papá, al abuelo o... al gato de la esquina. ¡Quién sabe! ¡A lo mejor tienes un genio dentro!

4 Pídele a mamá un perfilador negro de ojos y píntate unos bigotes largos y enroscados

✔ Dama mariposa

Necesitas

- ✔ Un alambre fino
- ✔ Unos alicates
- ✔ Unos *pantys* viejos
- ✔ Una diadema
- ✔ Algodón
- ✔ Fieltro
- ✔ Tijeras
- ✔ Maquillaje de teatro

1 Damos forma de ala de mariposa a un alambre fino. Con ayuda de papá, cerramos bien cortando y anudando el alambre con unos alicates

2 Puedes colocar unos *pantys* viejos sobre la estructura de alambre estirándolos. Luego anuda lo que sobre y córtalo

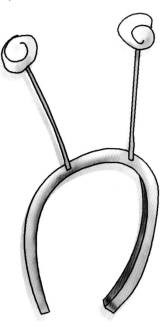

3 Pídele ayuda a papá y coloca en una diadema rígida con un alicate dos hilos de alambre en forma de antenas. Corta dos tiras de fieltro y forra todo; en los extremos de los alambres pon una bola de algodón

Dibuja el antifaz alrededor de los ojos con un perfilador de color alegre (un ala para cada ojo). En la nariz, con una barra negra de teatro, dibuja el cuerpo de la mariposa desde la nariz hasta el entrecejo. Termínalo si quieres con dos antenitas encima

4

Dicen que las mariposas tienen polvitos mágicos para poder volar. Tú y yo sabemos que no volamos, pero con este disfraz y un poco de imaginación se puede recorrer el mundo. Un poco de alambre, unos pantys usados, un toque de color y unas antenas forradas de fieltro es lo único que necesitamos, además de un buen antifaz de mariposa que tú misma podrás hacerte frente al espejo con pinturas de teatro. ¡Feliz vuelo, amiga mía!

✔ Chinita mandarina

1

En una tela de aire oriental, hacemos un agujero para pasar la cabeza

Necesitas

✔ Un trozo de tela de aspecto oriental
✔ Tijeras
✔ Una cinta ancha
✔ Dos lápices de colores
✔ Maquillaje de teatro

2

Lo ajustamos al cuerpo con una cinta ancha y detrás hacemos un enorme lazo

3

La cara se maquilla de blanco, los ojos se perfilan en negro hacia arriba y un poco rasgados. Bajo éstos una ligera sombra azul y, en los pómulos, un colorete rosa casi inapreciable

4

El pelo se peina en un moño y en éste clavamos dos lápices de colores

Lo primero es buscar una tela adecuada para un elegante quimono. Una buena idea es que sea oscura y con un estampado colorido. Cuanto más oriental parezca, mejor. Cortamos un agujero redondo para pasar la cabeza y ajustamos el quimono al cuerpo con una cinta ancha, haciendo un gran lazo en la espalda. Un delicado maquillaje blanco acompaña a nuestra «Dama de Shangai»: un fondo blanco y los ojos perfilados en negro y hacia arriba, un poco rasgados; bajo los ojos, unas sombras azules leves y difuminadas, y colorete en los pómulos de color rosa. El pelo se peina en un moño que se adorna con dos lápices. ¡Ah! ¡No olvidéis andar con los pies juntos y a pasitos muy cortos!

42

✔ Gorro de mago del agua

Necesitas

✔ Una cartulina
✔ Rotuladores
✔ Plástico adhesivo
✔ Pegamento

1

Decoramos la cartulina con motivos marinos

Pegamos la lámina de plástico adhesivo sobre la cartulina

2

3 Enrollamos la cartulina en forma de cono, con el plástico adhesivo por la parte de fuera, y pegamos el borde. Hay que calcular la apertura de la boca del sombrero para que nos sirva

Lo más importante al realizar este gorro es que el dibujo de las profundidades oceánicas quede bonito. Podéis inspiraros en el de la ilustración o inventarlo vosotros.
¡Con este gorro, serás un mago perfecto!

✔ Disfraz de troglodita

Necesitas

✔ **Un trozo de tela y un cordón**
✔ **Tijeras**
✔ **Papel de periódico**
✔ **Cola blanca y una brocha**
✔ **Papel pinocho de color marrón y blanco**
✔ **Maquillaje de teatro**

1 Conseguimos una tela de las que imitan piel y le hacemos un agujero en el centro

2 Hacemos un garrote con papeles de periódico, lo pintamos de cola blanca y lo forramos con papel pinocho color marrón

3 También con papel de periódico hacemos un hueso, lo pintamos de cola blanca y lo forramos de papel pinocho blanco

4 Nos pintamos unas grandes cejas y pelos por la cara

Con una tela de esas que imitan piel vamos a fabricarnos un traje de troglodita estupendo. Recortamos un círculo en el medio para meter la cabeza. Con lo que cortamos del centro y un cordón, podemos fabricarnos una bolsa primitiva haciendo pequeños cortes alrededor del borde y metiendo por ellos el cordón. Con papel de periódico hacemos un hueso y un garrote, los pintamos d cola blanca y forramos el garrote con papel pinocho marrón y el hueso con papel pinocho blanco. Nos pintamos la cara con grandes cejas y mucho pelos y... ¡que tiemblen lo dinosaurios!

✔ Fantasmón horrible

1 Ponte encima una vieja sábana y dile a mamá que dibuje dos círculos en el lugar donde están tus ojos. Después recórtalos para poder ver

Necesitas

✔ Una sábana vieja
✔ Tijeras
✔ Cartulina negra
✔ Pegamento o grapadora
✔ Periódicos viejos y papel de cocina
✔ Cola blanca
✔ Pintura negra y brocha

2 Recorta varias tiras de cartulina negra de 2 x 10 cm y pégalas en forma de cadeneta

3 Haz una gran bola de papel con periódicos viejos, dale cola blanca con una brocha y píntala de color negro

Para ser un fantasmón coge una sábana vieja, hazle dos agujeritos para los ojos y póntela por encima. Luego corta tiras de cartulina y únelas en forma de cadeneta con pegamento o con grapas. Luego haz una bola gigante de papel de periódico, dale cola, ponle papel de cocina alrededor para darle consistencia y píntala de negro para que parezca real. Únela a un extremo de la cadeneta y al otro con un grillete de cartulina donde puedas meter el [pi]e y... ¡el susto está asegurado!

✔ El hombre araña

Necesitas

✔ Unas mallas y una camiseta rojas
✔ Pintura para tela de color negro
✔ Tela negra
✔ Tijeras
✔ Pegamento
✔ Un *spray* de serpentina
✔ Maquillaje de teatro

1 Conseguimos unas mallas
y una camiseta rojas,
y con pintura de tela negra
le dibujamos una telaraña

2

Recortamos una araña de tela negra y la pegamos en el pecho de la camiseta

3

Pintamos la cara como en el dibujo

4

Con un spray de serpentinas lanzamos nuestras telas de araña

Para convertirse en un auténtico superhéroe con instinto arácnido necesitamos un disfraz. Lo primero es pedirle a mamá unas mallas y una camiseta rojas y, con pintura de tela, pintarle una telaraña. Si además tienes guantes, mejor. Después tenemos que dibujar una araña en un cartón o tela negra y pegarlo o coserlo en el pecho de la camiseta. Con unos sprays de serpentina podremos disparar unas tremendas telarañas contra los supervillanos que nos ataquen. Para el maquillaje trazamos el contorno de los ojos de negro y azul con barras de teatro. Pintamos también de azul una telaraña desde el centro de la cara hacia fuera y rellenamos los huecos de rojo. En el centro de la frente pintamos de negro el símbolo de la araña y...
¡cuidado, ultravillanos!

✔ Futbolista de primera división

Necesitas

✔ Una camiseta y unos pantalones
✔ Aguja e hilo para coser
✔ Una pegatina para el escudo

1

Una vez elegidos los colores del equipo, convencemos a mamá de que cosa nuestro número en la espalda de la camiseta

2

Con los pantalones hacemos la misma operación

3

Conseguimos unos escudos del equipo y los pegamos en la camiseta y en el pantalón (si mamá aun tiene ganas, mejor que nos los cosa)

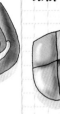

Lo primero es conseguir unos pantalones de deporte y una camiseta del color que usa nuestro equipo preferido. Convencemos a mamá de que nos cosa el número de nuestro ídolo en la camiseta. Aunque tengamos que prometerle ayudar en la casa, todo vale para que también nos cosa el número en los pantalones. Y, por fin, vamos a tener que prometerle recoger nuestra habitación, porque tiene que cosernos el escudo del equipo en las dos prendas. Nos pintamos con barras de teatro imitando a nuestro ídolo o con los colores de nuestro equipo. Ya sólo faltan las botas, el balón y... ¡meter goles, claro!

✔ Contenido